LE

Déserteur,

Ballet-Pantomime.

LE DÉSERTEUR,

BALLET-PANTOMIME,

TRAGI-COMIQUE,

EN TROIS ACTES,

De la composition de M. DAUBERVAL, *Maître des Ballets de l'Académie Royale de Musique, et Inspecteur de l'École de Danse de* SA MAJESTÉ.

DONNÉ A BORDEAUX, LE 30 DÉCEMBRE 1785,

Et mis en Scène snr le Grand Théâtre de Nantes, par M. SALESSES, le 5 mai 1825.

A NANTES,

Chez VICTOR MANGIN FILS, Imprimeur-Libraire, rue du Calvaire, n° 1, près de la rue Contrescarpe.

A MILORD

COMTE DE CHESTERFIELD,

AMBASSADEUR

D'ANGLETERRE EN ESPAGNE.

MILORD,

Que je suis flatté de vous voir agréer la dédicace de mon Ballet! Je vous donne un témoignage public de la reconnaissance que je dois aux bontés dont vous m'honorez, et je rends, dans votre Personne, un nouvel hommage à la Nation qui a vu naître les sublimes talents des Garrick et des Sidons, et qui daigna accueillir et récompenser les miens.

Je suis avec respect,

MILORD,

Votre très-humble et très-obéissant serviteur,

DAUBERVAL.

LE Déserteur de M. SEDAINE a toujours plu ; et malgré les critiques que l'on a faites du plan de cet Ouvrage, il n'en a pas moins arraché des larmes à toutes les personnes sensibles. Le seul reproche qu'on ait osé faire à l'Auteur, est de n'avoir pas motivé d'une manière plus claire la désertion d'Alexis. Aussi je le fais passer chez l'Etranger ; M. Sedaine aurait infiniment ajouté à l'intérêt de sa Pièce, s'il avait fait jetter Louise aux pieds du Roi ; c'est un effet théâtral que je n'ai pas voulu manquer.

Peut-être observera-t-on que le dénouement est trop tragique ; mais il est des situations qu'on ne doit jamais craindre d'exposer aux yeux du spectateur, quand elles sont touchantes et naturelles, et qu'elles font mieux ressortir la gaieté qui doit généralement terminer un Ballet : je serai trop heureux si le Public, qui m'encouragea dès mon enfance, daigne applaudir aux nouveaux efforts que je fais aujourd'hui pour lui plaire.

PERSONNAGES.

ALEXIS , Soldat................ M. *Salesses.*
MONTAUCIEL................ M. *Castillon.*
BERTRAND, Cousin de Louise.. M. *Girel.*
JEAN-LOUIS.................. M. *Béraud.*
LE GÉNÉRAL................ M. *P. Bousigues.*
UN AIDE-DE-CAMP............ M. *Hippolyte.*
COURTCHEMAIN.............. M. *Charles.*
LE GEOLIER........... .... N. ✳✳✳
UN SERGENT................. M. *Calcina.*
ÉTAT-MAJOR.
LOUISE......................... Mlle *Blondin aînée.*
JEANNETTE.................... Mlle *Blondin cadette*
ANNETTE, Tante de Louise .. Mme *Poignet.*
LA DUCHESSE, Dame du lieu.. Mlle *Rosalie.*
FEMMES DE LA SUITE DE LA DUCHESSE.
PEUPLE.
SOLDATS.
VILLAGEOIS ET VILLAGEOISES.

La scène se passe dans le Village de la Duchesse, situé en Flandre, à peu de distance des Frontières du Brabant, et près de l'Armée Française.

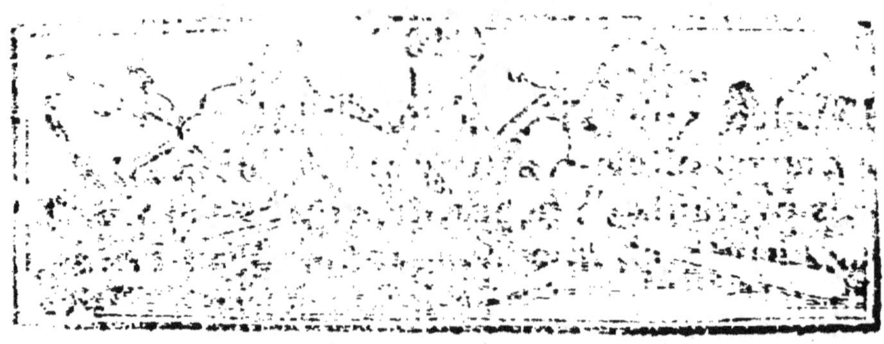

LE DÉSERTEUR,

BALLET - PANTOMIME.

~~~~~~~~~~~~~~~~~~~~~~~~~~~~~~~~~~~~~

PREMIER ACTE.

Le Théâtre représente un riche apparte-
tement : la Duchesse est occupée à sa
toilette : Jean-Louis, présente sa famille
à Madame la Duchesse ; et montre une
lettre d'Alexis.

LA Duchesse, fâchée de ce qu'Alexis s'est
engagé sans sa permission, forme le projet
de supposer que Louise épouse Bertrand le
même jour, vu qu'il doit se rendre dans la
journée auprès de sa marraine. Louise tâche
d'engager sa protectrice à ne pas exiger d'elle
de se prêter à cette feinte ; mais la Duchesse
~~~~~~~~~~~~~~~~~~~~~~~~~~~~~~~~~~~~~

l'assure que l'inquiétude d'Alexis ne fera qu'augmenter son amour : elle lui fait donner des présents de noces, tels qu'une croix d'or, des gants et une couronne. Jean-Louis et Nanette promettent à la Duchesse qu'ils vont tout préparer pour la noce supposée.

Le Théâtre représente un lieu champêtre, l'horizon est terminé par une colline : on voit un pont sur une petite rivière, qui sépare les frontières de la France et du Brabant, avec deux poteaux où sont les armes des deux Puissances.

JEAN-LOUIS assemble les garçons et les filles du Village; il leur fait part des intentions de Madame la Duchesse. Les Villageois assurent Jean-Louis qu'ils feront de leur mieux, et sortent pour être prêts aussitôt qu'il en sera temps; il n'y a que Louise qui répugne à se prêter à une supposition qui désespérera son Amant. Louise ne conçoit pas qu'on *puisse affliger ce qu'on aime.* Jean-Louis l'assure *que l'amour croît s'il s'inquiète,* &c. Enfin Louise cède aux prières de Jean - Louis; elle consent à obéir aux ordres de Madame la Duchesse.

Bertrand, Babet et la Tante accourent pour annoncer à Louise qu'ils viennent d'apercevoir Alexis sur la montagne et qu'il faut aller se préparer pour leur prétendu mariage, ils s'empressent d'entraîner Louise, qui laisse voir le chagrin que cette plaisanterie lui cause.

Jean-Louis instruit Babet de la manière dont elle doit répondre à Alexis. Babet répète tout ce qu'elle lui dira, et ils vont rejoindre les Villageois au moment où ils aperçoivent Alexis sur la montagne.

Alexis admire les lieux de sa naissance ; il revoit avec un nouveau charme les bosquets où Louise lui promit qu'il serait son époux : il ne cesse de jeter ses regards sur le Village qui renferme l'objet de tous ses vœux.

Fatigué du chemin qu'il vient de faire, il se repose au pied de l'arbre où tout lui rappelle son amour : agité par la crainte de n'être plus aimé, il n'ose voler aux pieds de Louise ; mais il espère qu'elle lui aura été fidèle. Dans cette cruelle incertitude, il voit des Paysans qui courent après une noce qui vient de son côté ; et ne voulant pas se montrer aux yeux de ses amis qu'il ne sache s'il est aimé de Louise il s'enfonce dans un bois pour attendre un, moment plus favorable.

Louise avec Bertrand feignent d'être les mariés ; Jean-Louis, Babet et Nanette marchent à leur tête : les filles et les garçons leur donnent des rubans, des bouquets ; ils forment des danses. La Duchesse vient s'asseoir sous des arbres pour être témoin de cette petite comédie, et jouir de la peine que Louise ressent de se voir forcée à feindre d'être gaie. La Duchesse lui ordonne de danser avec Bertrand, elle obéit; mais bientôt elle s'ennuie de rester dans cette situation ; elle supplie la Duchesse de faire terminer cette fête, qui sans doute désespère Alexis. La Duchesse cède à ses prières ; la noce retourne au Château, et Jean-Louis recommande à Babet de rester pour dire à Alexis ce dont ils sont convenus.

Alexis s'approche de Babet, et lui demande qui sont les jeunes gens qui se marient dans le Village. Babet, tout en filant, a l'air de ne pas l'entendre, et s'amuse à danser : Alexis redouble ses instances. Enfin, Babet lui apprend que Louise se marie avec Bertrand. Alexis est au désespoir de la nouvelle qu'elle vient de lui annoncer, et Babet est enchantée de voir qu'il aime toujours Louise ; elle s'en va.

Alexis reste immobile ; il voudrait douter de l'infidélité de Louise mais la jalousie lui ôte la faculté de chercher les moyens de s'éclaircir ; et plutôt que d'aller s'expliquer avec Louise, il forme le projet de passer chez l'ennemi ; il ne veut pas être témoin du bonheur de son rival; il jette son sabre ,

son chapeau : il foule à ses pieds son habit,
funestes objets qui lui rappellent son
malheur : il court ça et là dans un égarement
qui caractérise le chagrin dont il est dévoré.

La Maréchaussée trouve l'habit d'un Soldat :
elle croit qu'il a été tué : mais elle apperçois
Alexis qui fuit du côté du Brabant ; elle
va se mettre en embuscade aux environs du
pont qui sépare les frontières : Alexis veut
passer chez l'Etranger, à l'instant il est arrêté
comme Déserteur, et la Maréchaussée le con-
duit dans les prisons.

DEUXIÈME ACTE.

Le Théatre représente une Prison, avec son Préau

PLUSIEURS Prisonniers militaires sont occupés à boire, à jouer, à fumer. Le Geolier les interrompt pour les faire passer dans le Préau. Alexis est amené par la Maréchaussée. Le Geolier lui fait des reproches d'avoir voulu déserter ; il ne lui donne que du pain et de l'eau : Alexis reste plongé dans ses réflexions ; mais rien n'ébranle son courage.

« *Mourir n'est rien c'est notre dernière heure,*
   » *Eh ! ne faut-il pas que l'on meure ?*
   » *Chaque minute, chaque pas,*
   « *Ne conduit-il pas au trépas ?*

Ce qui l'affecte davantage, c'est de n'être plus aimé de Louise : cette idée déchire son cœur, et lui fait verser des larmes. Montauciel arrive sans reconnaitre Alexis ; il est entre deux vins, et veut lui représenter ses torts : Alexis l'assure qu'il n'a déserté que parce qu'il a voulu fuir une Maîtresse infidèle, et qu'il saura mourir avec le courage d'un Français. Alors Montauciel l'embrasse, et lui propose de boire avec lui. Le Geolier vient dire à Alexis qu'une jeune fille demande à lui parler : Alexis croit que c'est sa cousine , et consent à la voir. Montauciel veut cajoler cette aimable personne ; mais il s'aperçoit qu'elle vient pour son camarade , et se retire en confident discret.

Louise, étonnée de l'accueil froid que lui fait Alexis, veut savoir la cause de son in-différences plutôt que celle de son emprison-nement, qu'elle n'attribue qu'à une légère infraction de la discipline militaire ; mais Alexis s'efforce de garder un morne silence; Louise redouble ses prières. Enfin Alexis lui reproche son mariage avec Bertrand. Louise lui jure que cette noce n'était qu'une feinte, et que tout ce que Babet lui a raconté n'est qu'un jeu..... A ce mot Alexis s'écrie : » *qu'un jeu* !..... » Il est anéanti de ce qu'il vient d'apprendre. Louise est pénétrée de voir que son Amant doute de ce qu'elle vient le lui dire. Jean-Louis, Babet, Nanette et Bertrand entrent dans la Prison pour confirmer à Alexis que Louise lui est fidèle. Plus l'horreur de sa position augmente, moins il veut ex-pliquer à ses parents la raison qui l'a fait emprisonner. Il prie Jean-Louis d'engager Louise de sortir ; elle obéit à regret.

Alexis prend tous ses parents par la main ; et au moment où il va leur dire le motif qui l'a fait mettre en prison....,. Louise rentre, et en tombant dans les bras d'Alexis , elle s'écrie : » ***Il a déserté.*** »

Cette nouvelle consterne le malheureux Alexis qui jure à Louise de l'aimer jusqu'à la mort. Le Sergent vient lui dire que l'Etat-Major veut lui parler. Ce nouveau coup de foudre jette l'alarme dans tous les cœurs. Alexis, forcé d'obéir au Sergent qui l'attend pour le conduire, s'arrache des bras de sa Maîtresse. Jean-Louis, Nanette et Babet sortent pour aller implorer la protection de la Duchesse. Louise égarée, éperdue, demande au Geôlier ce qu'elle pourrait faire; il lui répond brusquement que le Roi seul peut accorder la grâce d'Alexis, mais qu'elle ne doit pas l'espérer. Louise lui donne ses mirza, sa ceinture, sa croix, ses boucles, et part pour aller au camp.

Montauciel arrête Bertrand : il le force de boire avec lui. Bertrand, uniquement occupé de son chagrin, le refuse : mais Montauciel ne connaît que les plaisirs de Bacchus et de l'Amour; il faut que Bertrand cède : il fait plus, il le force à danser, tandis qu'il ne cesse de boire.

Au milieu de la gaieté bacchique de Montauciel, Bertrand trouve le moyen de lui échapper; il fuit en allant retrouver ses parents. Montauciel court après lui; mais le vin qu'il a bu le fait trébucher sur une chaise, qu'il jette après Bertrand; il perd le prix de cette course burlesque, et reste dans la prison, d'où il doit sortir avant la fin du jour.

TROISIÈME ACTE.

Le Théâtre représente, sur un des côtés, l'intérieur de la Tente de l'État-Major: de l'autre on voit le commencement du Quartier général sur un monticule.

LES Officiers de l'État-Major s'assemblent, ils interrogent Alexis, qui convient qu'il a déserté, sans avoir à se plaindre d'aucun de ses Juges; ils le font retirer, et après avoir été unanimement d'accord pour son jugement, ils signent l'arrêt de sa mort et font partir l'ordre de son supplice. Dans l'instant on entend une Musique brillante qui annonce la Revue que le Roi va faire: les Troupes défilent: tout annonce la brillante suite du Monarque: le Général lui montre son Armée: Sa Majesté témoigne sa satisfaction, par les récompenses qu'il donne à tous ses Sujets: on lui présente deux jeunes Officiers blessés, il les décore de la Croix de Saint Louis; il fait ensuite manœuvrer son Armée. Louise perce la foule: elle se précipite aux genoux du Roi, pour le supplier d'accorder la grâce de son amant, qui n'a déserté que par amour pour elle: il l'écoute avec bonté, et donne ses ordres pour qu'on révoque le jugement qu'on a prononcé: Le Général écrit sur deux papiers , il en fait partir un par son Aide-de-Camp , et remet l'autre à Louise , qui le met avec soin dans son corset ; le Roi donne tout l'or qu'il a sur lui ; il daigne lui promettre que son Amant sera sauvé , pour peu qu'il en soit encore temps : Louise ne lui donne pas le loisir d'achever , elle laisse tomber l'argent qu'elle a dans son tablier , et semble revoler vers son cher Alexis sur les ailes de l'Amour même.

Le roi applaudit à la générosité de Louise , et désire que la grâce puisse arriver assez-tôt pour conserver deux Amants si tendre-ment unis. Il achève sa revue , et toute l'Armée se retire avec le Maître qu'elle adore.

Le Théâtre représente la Prison du second Acte.

Alexis vient d'apprendre qu'il est con-damné , et veut avant que de mourir écrire à Louise : le Geolier lui donne du papier ; Alexis lui donne le peu qu'il a dans sa bourse , et le prie de le laisser seul.

Alexis réfléchit avec le courage d'un brave homme qui ne craint pas la mort , puisque son honneur ne lui reproche rien ; mais il ne peut s'empêcher de regretter la vie , puisque Louise était innocente : il porte sa plume sur son cœur ; il écrit à Louise qu'elle y régnera au-delà du tombeau, et qu'il ne perd la vie que pour l'avoir trop aimée.

Montauciel, qui ne peut déchiffrer un billet anonyme qu'il a reçu, demande à Alexis ce qu'il contient. Alexis, avant de le satisfaire, lui donne la lecture qu'il vient d'écrire à Louise, et le prie avec instance de la lui remettre. Montauciel s'en charge avec plaisir. Alexis prend ensuite le billet de Montauciel, et lui lit : *vous êtes un blanc bec*..... A ces mots Montauciel veut frapper Alexis, mais le Geolier les arrête, et montre à Montauciel qu'effectivement il y a dans le billet : *vous êtes un blanc bec*. Alors leur querelle cesse, et Montauciel ne paraît plus affecté que de la mort de son camarade.

Jean-Louis, Nanette, Bebet et Bertrand, accourent pour faire leurs derniers adieux à l'infortuné Alexis, et pour lui apprendre qu'ils n'ont point trouvé Madame la Duchesse à son Château, mais qu'ils vont y retourner. Alexis voit leurs larmes sans s'émouvoir, cependant ils les supplie de fuir sa présence, de crainte que leurs pleurs ne lui fassent oublier qu'il faut mourir en Soldat. Les Grenadiers viennent chercher Alexis; ses parents fuient ce spectacle horrible; Montauciel embrasse son ami; il lui présente un verre de vin et lui dit : = *Allons, courage, c'est le dernier que tu boiras*. = Alexis le prend avec tranquillité; Montauciel l'admire, puis il se retourne vers les Grenadiers et leur crie : = *Mes amis, mes camarades, ne le manquez pas.*

Alexis se dispose à suivre les Grenadiers; Louise entre dans la Prison, ses cheveux sont en désordre; elle n'a que le temps de dire à Alexis = *ta*......... les jambes lui manquent; elle perd connaissance et tombe évanouie près d'un escabeau. Alexis la presse dans ses bras, il couvre ses mains de baisers : = O ma Louise! que je te plains, que ta perte est affreuse! ma vie était à toi : *va! sois heureuse; c'est là mon dernier vœu.* = Les Grenadiers font un mouvement d'impatience; Alexis se retourne en cachant son visage, pour pouvoir quitter des lieux si chers à son cœur. Le sergent l'arrache de la Prison.

Louise revient à la lumière, mais elle ignore où elle est; à-peine reconnaît-elle la Prison de son Amant : la frayeur lui a presque ôté la mémoire; elle appelle Alexis... Tout est sourd à ses gémissements : cependant elle paraît se ressouvenir qu'elle a vu le Roi, qu'il lui a remis un papier : elle le cherche..... Le bruit des tambours augmente... Elle trouve dans son corset le papier qu'elle y avait caché. = Ciel, il ne sera plus temps! volons à son secours. Elle sort éperdue; elle peut à-peine retrouver la porte de la Prison, et sa précipitation caractérise toute sa tendresse.

Le Théâtre représente une vaste Campagne, avec des Tentes dans un très-grand éloignement.

Le Régiment est sous les armes ; Alexis paraît ; on lui donne le mouchoir pour se couvrir les yeux ; il le prend ; mais en homme courageux, il présente sa tête sans trembler ; l'Officier-Major fait le signal ; les Grenadiers sont prêts à tirer.... L'Aide-de-Camp du Général arrive en criant grace, de par le Roi !.. Louise s'élance sur Alexis. = Voilà sa grace, Le Roi me l'a accordée. Montauciel, Jean-Louis, Nanette, Babet, Bertrand, tous embrassent Alexis ; tous le portent dans leurs bras. Les Paysans partagent leur alégresse. Les Soldats et le Peuple se réunissent pour célébrer le bonheur d'Alexis et de Louise, et tous bénissent le jour qui les fit naître sous le règne du meilleur des Rois.

Le Ballet est terminé par un Divertissement.

FIN.